Jiangxin Shiying

匠心拾影

刘敏　陈春根　主编

中国劳动社会保障出版社

图书在版编目（CIP）数据

匠心拾影 / 刘敏，陈春根主编．-- 北京：中国劳动社会保障出版社，2023
ISBN 978-7-5167-5984-4

Ⅰ．①匠… Ⅱ．①刘…②陈… Ⅲ．①技术教育－教育事业－成就－中国－摄影集 Ⅳ．① G719.2-64

中国国家版本馆 CIP 数据核字 (2023) 第 124157 号

中国劳动社会保障出版社出版发行

（北京市惠新东街 1 号 邮政编码：100029）

*

北京宏伟双华印刷有限公司印刷装订 新华书店经销

787 毫米 × 1092 毫米 16 开本 5.5 印张 101 千字
2023 年 7 月第 1 版 2023 年 8 月第 2 次印刷

定价：16.00 元

营销中心电话：400-606-6496

出版社网址：http://www.class.com.cn
http://jg.class.com.cn

目录

第一章
生于忧患　致力图强

在中国历史上，墨子、鲁班等技艺高超的手工业工匠辈出，他们创造了辉煌灿烂的中国古代手工业。从 19 世纪 60 年代开始，洋务运动开启了中国近代的工业进程。甲午战争后，实业救国热潮涌起，中国近代工业加速发展。中华民国成立后，尤其是第一次世界大战期间，中国近代工业的发展迎来短暂的“春天”，纺织业、面粉业等轻工业发展迅速，重工业也获得了一定程度的发展。不过，外国资本压迫、军阀混战、日本侵略、国民党的反动统治等种种因素决定了中国近代工业难以进一步发展的历史命运。

中国近代工人群体诞生于帝国主义在通商口岸创办的近代工业，并随着中国近代工业的发展而逐渐成长起来。他们主要来自破产的农民家庭，多数靠出卖劳动力为生，文化水平不高。他们集聚在城市中，深受帝国主义、封建主义和官僚资本主义的压迫，在中国近代历史进程中表现出了高度的革命性和爱国热忱。技术工人是指接受过专门技术培训的工人。在实业救国热潮涌起后，实业学堂、艺徒学堂大量开办，培养了相当数量的技工。例如，福州船政局的艺圃就是专门培养造船以及船舶驾驶人才的机构。中华民国时期，政府对技工教育有所重视，倡导、研究并推行技工教育。技工教育由此专门化，出现了一批工科职业学校。这些学校不仅有初级、高级的区分，也有省立、市立和县立的分别，还有公立、私立的差异。总之，中国近代的技工，在忧患中逐步成长，在实业救国的道路上艰难跋涉。

刘栋臣早年考入福建船政学堂艺圃，毕业后在造船厂工作，参与舰船建造。刘栋臣参与建造了中国第一艘铁胁木壳巡洋舰“开济号”。1887 年，他因造船有功获“五品顶戴”。

邮传部高等实业学堂是中国最早培养电报和电话技术人才的学堂。1906 年，学堂开设航海、轮机两科，翌年又开办电机专科。该学堂建筑闻名上海，被称为上海学堂中“最伟大的建筑”，由教室、实验室、大礼堂、办公室、学生宿舍、食堂等构成。

中华职业学校是中国近代史上很有名的一所职业学校，由中华职教社的黄炎培等人于 1918 年在上海创办。该校面向初小、高小毕业生招生，设有机械、土木、铁工、珐琅、商科等近 20 科。该校先后培养了 1 万多名学生，受到当时社会各界的普遍欢迎和赞扬。

受思想观念、中国近代工业发展水平等因素的影响，中国工厂直到 20 世纪 20 年代至 30 年代才开始大规模招聘女工。女性通过劳动获得了报酬，成为其提高社会地位的有力保障。从最初的“三从四德”，到“劳动妇女关系民族强弱至巨也”，再到“妇女能顶半边天”，这一系列的变化反映了中国社会的巨大进步。

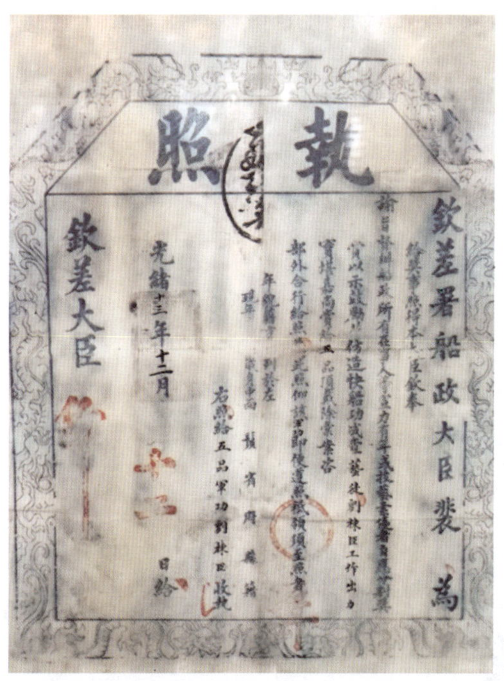
執照
欽差署船政大臣裴 為
欽差大臣
光緒十三年十二月
右照給五品軍功劉棟臣收執
日給

船政大臣颁给刘栋臣的嘉奖执照

邮传部高等实业学堂

中华职业学校学生早操

1941 年成都的纺织女工

兵工署第二十一厂的前身是创办于洋务运动时期的金陵机器制造局，抗日战争前已经是当时最主要的军事工厂之一。抗日战争爆发后，该厂在原有的艺徒补习班、工人读书班基础上，开设技工学校。学校最初设有速成技工、普通技工、高级技工和特别技工训练班，后来发展为一所拥有 190 多名教职工、39 栋房屋、180 多部机器，设有钳工、木工、铸工、锻工等科的大型技工学校。

兵工署第二十一厂技工学校

“针神”沈寿

晚清民国时期，有一位享有“针神”之称的技工——沈寿（原名沈云芝，字雪君）。光绪三十年，沈寿和她的丈夫给过寿的慈禧献上了《八仙上寿图》和《无量寿佛图》，慈禧十分喜爱。不久之后，沈寿被派往日本考察，交流刺绣和绘画艺术。在西洋油画和日本刺绣的启发下，她回国创立了“仿真绣”（又称“沈绣”）。因作品栩栩如生，她的声誉倾动南北，“针神”的称号不胫而走。

“针神”沈寿

沈寿的刺绣作品《柳燕图》

沈寿的刺绣作品《意大利皇后爱丽娜像》

南通女工传习所

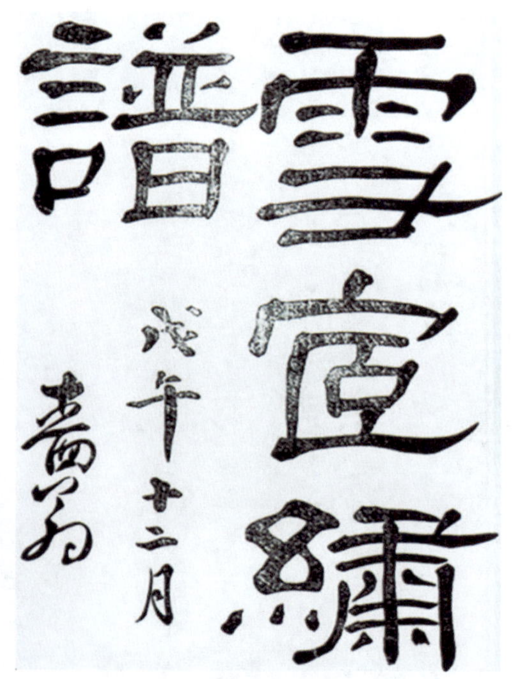

《雪宧绣谱》

“针神”是形容沈寿技术高超。运针刺绣的方法是老祖宗传下来的，她从小学习，熟稔于心。在此基础上，她吸收了西洋油画和日本刺绣的长处，领悟了用光线、阴影复刻真实景物的技巧，做到了“以新意运旧法”。在她的世界里，只要是她看到的事物，不论形态如何，她都能用手中的针将其绣成艺术品。

沈寿的“仿真绣”别出心裁、技艺高超，不仅获得了中国人的喜爱，也赢得了国际声誉。她绣的《意大利皇后爱丽娜像》在 1911 年意大利都灵国际现代装饰艺术博览会上获得大奖，并作为国礼赠送给意大利。1915 年，沈寿的作品又在美国旧金山的巴拿马－太平洋国际博览会上获得一等奖。

沈寿除了创作刺绣作品，还先后担任农工商部工艺局绣工科总教习、南通女工传习所教习等职务。女工传习所的学生回忆道：“我在女工传习所学习时的科目有刺绣、美术、习字、体育。重点是刺绣，每天要学 6 个小时，美术、习字每周各 3 个小时。刺绣学习的内容是按计划进行的，二年学花卉、翎毛，三年学山水，四年学古装仕女、油画，五年学肖像……沈老师传授给我们的刺绣技艺我们仍沿用着。我们在工艺美术研究所培训艺徒时，也仍然采用沈老师的教学方法。”

1917 年前后，沈寿患病。为了传承技法，她将多年心得分门别类地口述出来，清末状元张謇亲自加以笔录，最终撰成《雪宧绣谱》一书。为了纪念她，南通市在南通女工传习所旧址建立了中国沈寿艺术馆。2008 年，南通仿真绣入选了国家级非物质文化遗产代表性项目名录。

沈鸿：自学成才

1937 年 8 月 13 日，淞沪会战爆发。日军对上海发动大规模进攻，中国军队奋起而战。许多人的命运因此改变了，时任上海利用五金厂经理兼技工的沈鸿制造国产汽车的梦想破灭，他带着机器和工人迁往大后方。沈鸿在回顾自己的人生轨迹时说道："我原先不过是一个爱国者，到了延安，在党的教育下，才成为一名革命战士。"

为了不让五金厂落入日本人手中，沈鸿带领 7 位青年工人，用两条船载着 10 部机床启程了，决绝地迁往武汉。民营工厂的内迁路是悲壮的，除了日本侵略者的破坏，国民政府混乱的组织工作也给民营工厂造成了极大损失。当时，部门各行其是、轮船运力紧张、搬运工人数量不足，这些都使得民营工厂的内迁之路变得十分艰难。

沈鸿带着工人和设备到达武汉后，耳闻目睹国民党无心组织内迁的工厂为抗战出力，只是溃散逃跑，没有明确的方向。他感到十分气愤且茫然无措。机缘巧合之下，他读到了《西行漫记》，又听到了新闻记者范长江关于延安的演讲。他了解到，在陕甘宁边区的八路军正在与日军浴血奋战，延安是希望所在。于是，他决定奔赴延安。

申報

血肉相搏有進無退

我軍又佔領敵海軍操場

敵軍先後失卻聯絡形勢孤立

新築之根據地亦被我軍包圍

滬日兵昨晨首先挑釁

我軍抗戰敵受重創

日軍先挑釁俞市長抗議

我佔八字橋中興路橋等

敵撤滬西軍集中楊樹浦

今晨兩點半後炮聲隆隆

我們要沉毅堅定，勝固不驕，敗亦不餒！

1937 年 8 月 14 日、18 日《申报》关于日本侵略及中国人民抗战情况的报道

時評

工廠遷往內地問題

鳴、

工廠遷往內地不特在此抗戰期間爲時勢所要求。即平時爲培植國力，整頓國防。也是應有的布置。原來現代工業若單就商業經濟論，選擇廠址理想上只須具備四要件。第一水陸運輸要便利，第二原料取給要便利，第三動力假借要便利，第四資金流轉要便利。但若能認識工農爲一國自給自足的命脈，維護保全務使不可一日停頓，則安全第一。凡上述所謂便利的條件皆次之。設若廠址適當安全，即使天然上的便利條件不能具備，也儘可由人工補益的，例如交通可以興建，原料可以存儲，動力可以開發，資金可以隨弼，如此相輔相助，工業藉國力自存，國力藉工業不敝。

我國僅有極淺薄的工業基礎，皆散布於沿海口岸，考其原因除地點並可適合於商業經濟上所謂便利條件外，向日國家視工業爲稅源，工業認國家爲地主，國家漠視工業的展布，工業界深染自由貿易的思想，甚且有依傍外力，因以爲利的念頭。是國家的失策，也是工業界的短視。試單觀上海虹口浦東工廠區的毀滅，便是眼前的事實教訓。或謂在此空炸轟轟炮聲隆隆聲中，方擬計劃遷移，不免臨時抱佛脚。但半時過失，不任一方，於今誰也不該怨怪誰，現在火已延燒到眼前，能搶救得多少，就是能保全得多少，殘餘比全毁終較勝些，罷立國計百年的安享，立廠也應謀永久的基礎，一時的艱難不可畏怯，萬一的徼倖尤不可存心。

1937 年 9 月 19 日《申报》刊登的讨论工厂内迁问题的文章

RED STAR OVER CHINA

by Edgar Snow

愛特伽·斯諾著

西行漫記

復社藏版

1938 年出版的《西行漫记》书影

革命圣地延安

沈鸿（中）在延安

沈鸿

沈鸿通过八路军办事处的帮忙，经西安，来到延安。陕甘宁边区当时几乎没有机器制造业，沈鸿当仁不让，大展身手，成为陕甘宁边区机器厂（茶坊兵工厂）总工程师兼总设计师，被誉为“边区工业之父”。

沈鸿为边区的子弹厂、迫击炮厂、枪厂、火药厂等军工厂设计制造了100多种型号、数百台机器设备，为制药厂、造纸厂、印刷厂、造币厂等工厂设计制造了400多个机器设备、单机和重要部件。因为对边区工业生产的重大贡献，他被授予“特等劳动英雄”和“模范工程师”称号，并获得了毛泽东同志为他亲笔题写的“无限忠诚”4个大字。

新中国成立后，沈鸿担任了国家机械部门的领导职务，主持了许多国家重大工程，他带领技术人员和工人研制了12 000吨大型水压机，建设了我国第一座火车轮轮箍厂，研发了处理原子弹、氢弹、导弹材料的大型设备……

《学部官报》是清政府学部于 1906 年 8 月 26 日创办的，刊载章奏、文牍、文告、学务报告、西方书报消息等内容的专门刊物。最初是月刊，从第 3 期起改为旬刊，1911 年 7 月停刊。1906 年 9 月 18 日第 2 期《学部官报》刊登了《通行各省举办实业学堂文》。

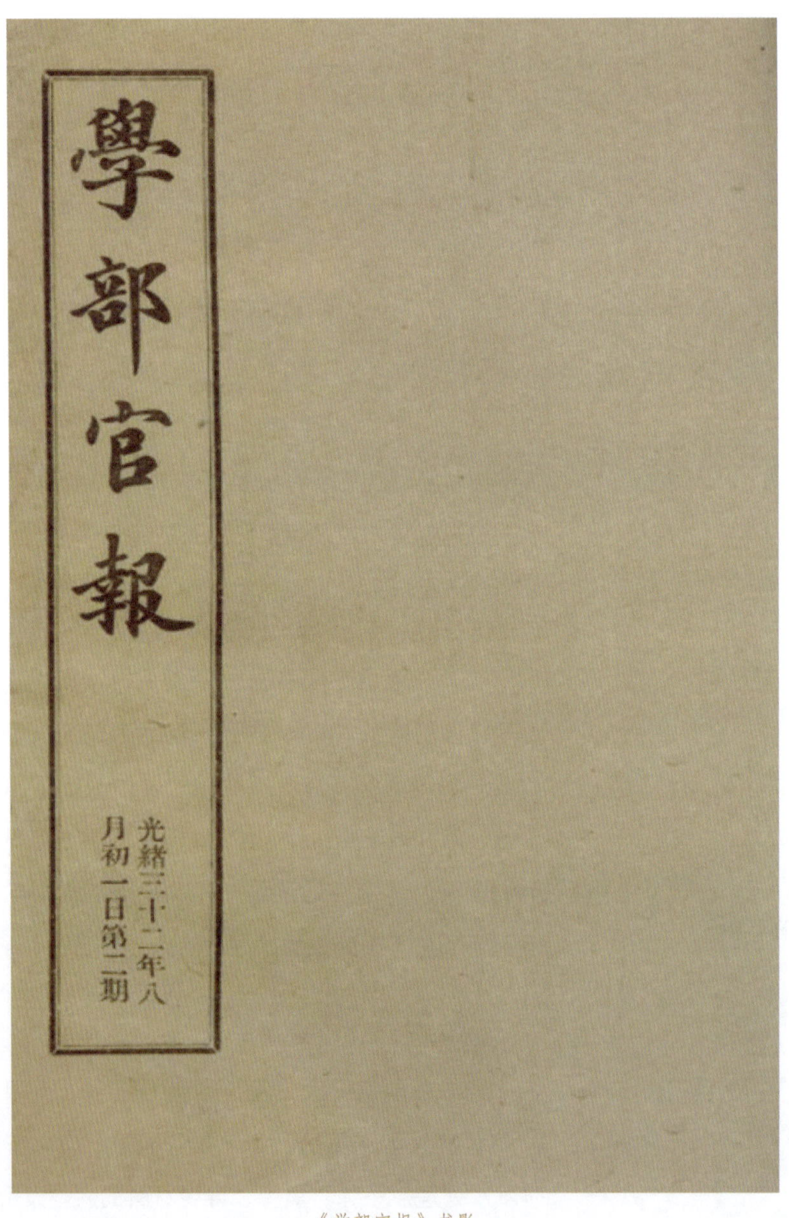

《学部官报》书影

文憑聽自營業希即查照辦理可也須至咨者

廩生李堉文請撥租開學札縣立案禀批 光緒三十二年五月二十日

據禀已悉仰具禀直隸提學使司聽候批示可也此批

通行各省舉辦實業學堂文 光緒三十二年五月二十一日

學部爲通行事照得教育大旨厥有三端曰高等教育所以培養人材曰普通教育所以陶鑄國民曰實業教育所以振興農工商諸實政教養相資富强可致中國地利未盡工藝未精商業未盛推求其故由於無學本年三月欽奉

上諭明示教育宗旨以務講求農工商各科實業詔告海內本部以興學爲專責自應及時籌畫以期逐漸振興查奏定章程學務綱要中有各省宜速設實業學堂之條高等中等初等農工商實業學堂實業補習學堂藝徒學堂皆經分別訂有章程又訂有實業教員講習所章程並於初級師範學堂章程內訂有農工商各科課程果能實力推行自足爲振興實業之

學部官報　文牘　二十二

學部官報　文牘

基爲此通行各省一律遵照奏章籌設各項實業學堂按照地方情形先設中等初等實業學堂及實業補習普通學堂此外尤應多設藝徒學堂收招貧民子弟課以粗淺藝術俾得有謀生之資應轉飭各府廳州縣無論城鄉市鎮皆應酌量籌設預儲教員尤關重要應於各省城先立實業教員講習所漸次推行飭各府廳州縣設法分立以廣師資至初級師範學堂農工商諸科原係酌量加習今擬改爲必修科令師範學生各自認習一科亦可備將來初等實業學堂實業補習普通學堂藝徒學堂教員之選要之注重實業實爲普及教育中切要之圖其教授之法重實習不重理論由淺近而入精深其教授所取材宜就本地所有隨時採輯遇事發明務使全國人民知求學即所以謀生欲謀生必先求學庶國民不至視求學爲高遠難能之事而各能自振其業以爲致富圖强之基至經費所出純恃官款必有不敷查奏定章程於實業學堂通則中特立專條各省官員紳富有能慨捐鉅款充實業學堂經費者或籌集常年的款自行

通行各省举办实业学堂文

光绪三十二年五月二十一日

学部为通行事。照得教育大旨，厥有三端：曰高等教育，所以培养人材（才）；曰普通教育，所以陶铸国民；曰实业教育，所以振兴农工商诸实政。教养相资，富强可致。中国地利未尽，工艺未精，商业未盛，推求其故，由于无学。本年三月钦奉上谕，明示教育宗旨，以务讲求农工商各科实业，诏告海内。本部以兴学为专责，自应及时筹画（划），以期逐渐振兴。查《奏定章程学务纲要》中有各省宜速设实业学堂之条，高等、中等、初等农工商实业学堂、实业补习学堂、艺徒学堂皆经分别订有章程，又订有实业教员讲习所章程，并于初级师范学堂章程内订有农工商各科课程，果能实力推行，自足为振兴实业之基。为此通行各省，一律遵照奏章筹设各项实业学堂，按照地方情形，先设中等、初等实业学堂及实业补习普通学堂。此外尤应多设艺徒学堂，收招贫民子弟，课以粗浅艺术，俾得有谋生之资。应转饬各府厅州

县，无论城乡市镇，皆应酌量筹设。预储教员，尤关重要，应于各省城先立实业教员讲习所，渐次推行，饬各府厅州县设法分立，以广师资。至初级师范学堂农工商诸科，原系酌量加习，今拟改为必修科，令师范学生各自认习一科，亦可备将来初等实业学堂、实业补习普通学堂、艺徒学堂教员之选。要之，注重实业实为普及教育中切要之图，其教授之法重实习不重理论，由浅近而入精深。其教授所取材宜就本地所有，随时采辑（集），遇事发明。务使全国人民知求学即所以谋生，欲谋生必先求学，庶国民不至视求学为高远难能之事，而各能自振其业，以为致富图强之基。至经费所出，纯恃官款，必有不敷。查《奏定章程》于《实业学堂通则》中特立专条，各省官员绅富有能慨捐巨款充实业学堂经费者，或筹集常年的款自行创设实业学堂者，量其捐资之多寡，分别奏请从优奖励，自应援照办理，以资激劝。除各省已立上开各项学堂及高等实业学堂，即行查明咨部外，余均于文到之日为始，限六个月内，统将筹办情形咨部立案，并请饬提学使司将办理详情、各学堂学生实习成绩、各府厅州县实业衰旺比较，缮具图说表册，按照学期详报本部查核。除分咨外，相应咨行查照办理见覆（复）可也。须至咨者。

籌設實業學堂者量其捐資之多寡分別奏請從優獎勵自應援照辦理
以資激勸除各省已立上開各項學堂及高等實業學堂即行查明咨部
外餘均於文到之日爲始限六箇月內統將籌辦情形咨部立案並請飭
提學使司將辦理詳情各學堂學生實習成績各府廳州縣實業衰旺比
較繕具圖說表册按照學期詳報本部查覈除分咨外相應咨行查照辦
理見覆可也須至咨者
致各學使赴滬會齊東渡電 光緒三十二年五月二十二日
各學使鑒在京各學使準六月初十前到滬公司船十二日開赴日本務
望剋日赴滬以便會齊前往盼切學部禡
致湘撫查辦滋事學生電 光緒三十二年五月二十七日
長沙龐撫台鑒聞湘省學生聚衆侮辱小學監督俞誥慶殊深駭詫該監
督果有行爲不檢之處應由學務處查明撤換該學生等藉端滋鬧實屬
紊亂秩序其中必有爲首煽惑之人以致滋生事端務乞澈底查明從嚴
學部官報 文牘 二十三

《通行各省举办实业学堂文》

第二章
服务建设　蓬勃兴起

中华人民共和国的成立，开创了中国历史发展的新纪元，标志着中国人民从此站起来了。在中国共产党的领导下，中国人民推翻了压在头顶上的三座大山，摆脱了任人宰割、贫穷落后的面貌，国家的各项事业开始蓬勃发展起来。在国民经济迅速发展、工业化战略不断推进的背景下，我国技工教育也进入了发展的快车道，成为教育行业中充满朝气和活力的领域。

在第一个五年计划时期，党和政府十分重视技工教育，开办了大量失业工人转业培训班；开办了众多技工学校，技工教育逐步走向正规化；建立了新的学徒制度，不断完善新技术工人培训方式。

总的来看，新中国成立后，中国技工教育摆脱极端落后的状态，取得了举世瞩目的伟大成就，培育了一大批有技术、有文化的产业工人骨干，为社会主义建设事业和国家的工业化战略作出了不可磨灭的巨大贡献。

新中国成立后，技工学校数量迅速增加。1949 年，全国只有 3 所技工学校，在校学生 2 700 余人。随着国家建设的全面铺开，1959 年，技工学校发展到 744 所，在校学生超过 28 万人。从 1949 年到 1959 年，全国技工学校毕业生共 20 余万人，大多成为工厂中的技术骨干。

从 1953 年到 1957 年，中国实施第一个五年计划。为了迅速把我国从落后的农业国转变为先进的工业国，新中国开始集中主要力量发展重工业，钢铁、煤炭、电力、机械制造等各个领域快速发展，一大批工厂如雨后春笋般出现。

技工学校数量迅速增加

新中国第一批解放牌汽车

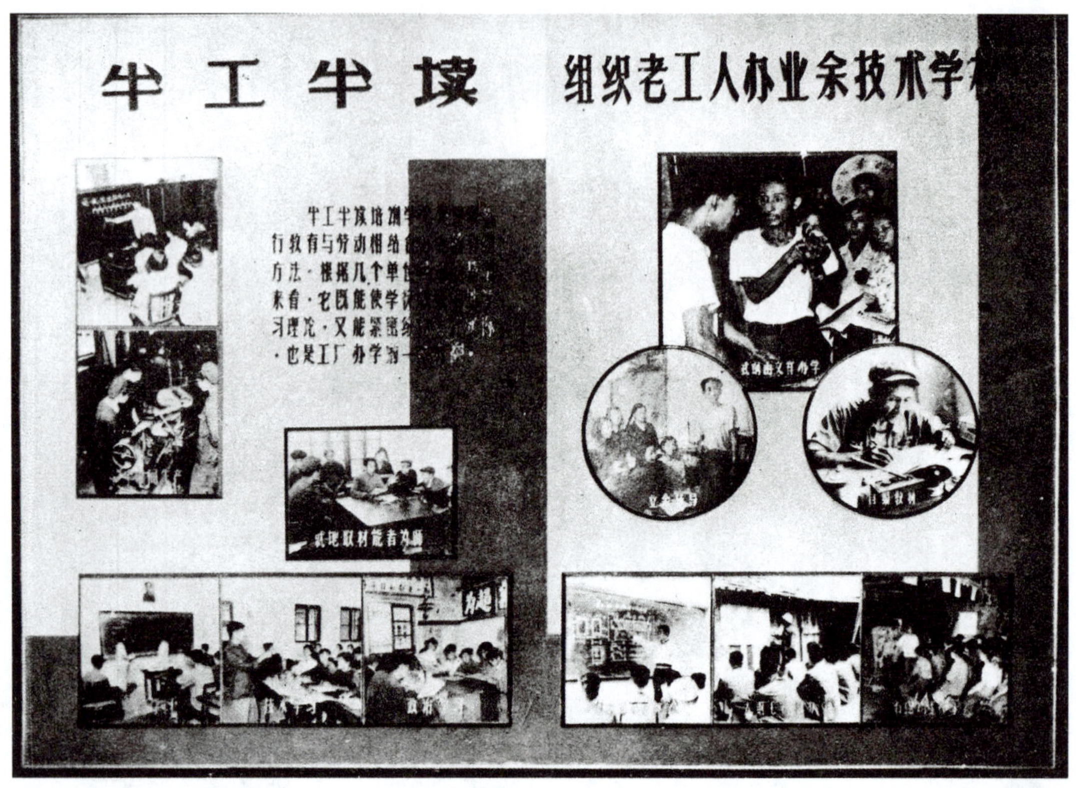

半工半读的技工学校

半工半读是贯彻“教育与生产劳动相结合”方针的一种教育形式。为满足经济建设需要，自 1958 年起，各地陆续创办了各种半工半读性质的学校，包括一批技工学校。这类学校的特点：一面读书，一面做工；既学文，也学工，读书与做工并重；或厂校挂钩，或校办工厂。学校根据学生实际情况和工厂生产的需要，安排学生参加一定的生产劳动，目的是培养有社会主义觉悟和有文化有技术的新型劳动者。

“一五”计划期间，国家为了推动技工教育的发展，除了建设技工学校、改革学徒制度，还颁布了一系列法规和文件。例如，1954 年，颁布了《技工学校暂行办法（草案）》；1956 年，颁布了《关于试行中华人民共和国工人技术学校标准章程（草案）》。

中央勞動部關於技工學校暫行辦法草案

秘密

中央財政經濟委員會第五辦公廳印發

《技工学校暂行办法（草案）》

孟泰：
钢铁战线上的劳模

孟泰

孟泰是新中国成立后第一代全国劳动模范，也是20 世纪五六十年代钢铁战线上享誉全国的英雄模范人物之一。1898 年，孟泰出生在一个贫苦的农民家庭，小时候曾经做过学徒工，1926 年进入鞍山制铁所当配管工。早年的艰苦生活磨炼了他的意志、锻造了他的品格。在新中国成立前夕，孟泰光荣地加入了中国共产党，成为鞍山解放后光荣入党的首批产业工人之一。

新中国成立后，优先发展重工业成为摆在国家面前的重要任务，钢铁行业成为国民经济的支柱产业。由于战争造成的巨大破坏，鞍钢恢复正常生产面临着十分严峻的挑战。孟泰积极带领工友们收集废旧材料，建立了闻名全国的“孟泰仓库”，为鞍钢恢复正常生产作出了重大贡献。在日常生产中，他不仅身先士卒、冲在生产第一线，而且注重技术革新，善于攻坚克难，摸索出了“孟泰工作法”，大大提高了钢铁生产的效率。

危急时刻方显英雄本色，也最能考验个人的意志品质。有一次，高炉发生生产事故，铁水与顺着炉皮而下的冷水相遇发生猛烈爆炸。孟泰不顾个人安危冲上炉台，迅速用铁板将水流引离炉皮，阻止了爆炸的继续发生，保护了高炉的安全，避免了一起炉毁人亡的惨痛事故。

鞍钢高炉（中新图片 供）

孟泰为鞍钢发展作出了突出贡献，曾多次被评为“全国劳动模范”，并且作为第一、第二、第三届全国人大代表，多次受到党和国家领导人的接见。孟泰的精神是中国钢铁发展史上一面永远无法磨灭的光辉旗帜，深深扎根在普通工人的心底，诠释着劳动的价值和人生的意义。

在孟泰的精神的指引下，鞍钢涌现出了一大批生产劳动模范和先进典型。截至 2020 年底，鞍钢集团共有 6 801 人次获得各级各类劳动模范荣誉称号，其中全国劳动模范 118 人次。鞍钢的钢铁生产也实现了跨越式发展，为东北老工业基地的振兴注入了极大的动力。

在鞍钢厂区的孟泰纪念像前，辽宁省“接过前辈创业火种”千百万青年火炬传递活动启动（中新图片 供）

鞍钢工人在高炉前作业（中新图片 供）

马恒昌雕像（中新图片　供）

马恒昌："马恒昌小组"创始人

马恒昌，1907 年出生，机械工人，"马恒昌小组"创始人。1950 年，第一次全国工农兵劳动模范代表会议召开，马恒昌作为代表参会。会上，他向代表们介绍了"马恒昌小组"进行民主管理和劳动竞赛的经验，小组被评为"生产战线上的模范"。

1951 年，"马恒昌小组"通过《工人日报》发出开展爱国主义劳动竞赛的倡议，得到全国 1.8 万个班组、300 多万名职工的积极响应。在当年的生产中，"马恒昌小组"创造了 69 项新纪录，提前两个半月完成任务指标，产品的合格率达到 99.61%，在全国引起了轰动。

从建立至今，"马恒昌小组"已经走过了 70 多年的光辉道路。它提出了"工人参与企业管理，做企业主人"的先进理念，凭借"劳动竞赛、民主管理、技术革新"三大法宝，引领了企业班组建设的潮流。

不断传承的"马恒昌小组"（中新图片　供）

马万水：冶金战线上的奋斗者

马万水，1923年出生，幼年家境贫寒。他于1949年来到河北龙烟铁矿当工人。1950年6月，他带领铁矿工人用铁锤、钢钎手工操作，月掘进石英岩巷道23.7米，首创黑色金属矿山掘进全国纪录，他所在的小组被命名为“马万水小组”，他个人也被评为“全国劳动模范”。

在马万水的带领下，“马万水小组”逐渐发展壮大起来，刚成立时只有18人，1956年增加到100多人，先后进行了数百项工艺技术革新，两次被授予“全国模范集体”称号。马万水率领的这支掘进队成为全国冶金战线的一面旗帜。

龙烟矿山分公司（原龙烟铁矿）

龙烟铁矿工作区旧址

由于多年在煤矿、铁矿工作，马万水患有多种疾病，年仅 38 岁便溘然长逝。在生命的最后时刻，他呼吸已十分困难，仍然不忘嘱咐家人要听党的话、跟党走。2019 年，马万水被授予“最美奋斗者”荣誉称号。

首页 | 繁体 | 英文EN | 登录 | 邮箱

“最美奋斗者”名单

2019-09-25 20:54　来源：新华社　　字号：默认 大 超大 | 打印 |

新华社北京9月25日电

“最美奋斗者”名单

（按姓氏笔画为序）

一、“最美奋斗者”个人（278名）

于 蓝（女）　中国电影集团公司中国儿童电影制片厂首任厂长

于 漪（女）　上海市杨浦高级中学名誉校长

于海俊　生前系内蒙古自治区大兴安岭重点国有林管理局根河林业局副局长

卫兴华　中国人民大学经济学系原主任、教授

马万水　生前系河北龙烟铁矿“马万水小组”组长

马六孩　生前系原大同煤矿同家梁矿掘进组组长

马凤山　生前系原上海飞机研究所所长，原航空航天工业部干线飞机总设计师顾问

马永顺　生前系黑龙江省伊春市铁力林业局顾问

马伟明　海军工程大学舰船综合电力技术国防科技重点实验室主任、教授

马恒昌　生前系黑龙江省齐齐哈尔第二机床厂机械师、党委副书记

马万水被授予“最美奋斗者”荣誉称号

王进喜（左一，中新图片 供）

“铁人”王进喜

王进喜，1923年出生在甘肃玉门，幼时家境贫寒。王进喜早年给地主家放过牛，也讨过饭，饱尝生活的艰辛，后来进入玉门油矿当工人。1960年，为了打破外国对中国的石油封锁，彻底摘掉中国“贫油国”的帽子，大庆油田大会战由此开始。在极其困难的环境下，王进喜率领钻井队日夜奋战在大庆油田的开采现场，喊出了“宁可少活20年，拼命也要拿下大油田”的豪迈誓言。

当第一口井钻完后，王进喜在指挥放架子的过程中被几百斤的钻杆砸伤了脚，剧烈的疼痛使他当时就昏了过去。当他醒来时，看到井架还没放下来，他强忍疼痛站起来继续坚持做完工作后才住进医院。脚伤还没完全恢复，他就要求出院，返回到建设工队指挥打井。在施工过程中，突然发生井喷，王进喜决定用水泥加重泥浆压井。水泥加到泥浆池子里立即沉底，而且很快就要凝固，这时，只有不停地搅拌才行。王进喜完全忘了脚上的伤痛，扔掉拐杖跳进泥浆池里，用身体来回搅拌，“铁人”的名字由此传开。

王进喜用自己的不懈奋斗生动诠释了“铁人精神”的内涵，影响了一代又一代中国人，掀开了中国石油发展史上的崭新一页。

王进喜用身体搅拌水泥（中新图片 供）

抽油机在大庆油田开采原油（中新图片 供）

大庆油田用了 3 年多时间生产原油 1 166.2 万吨，中国从此摘掉了“贫油国”的帽子。从 1976 年到 2002 年，大庆油田创造了世界石油开发史上的奇迹，实现连续 27 年原油 5 000 万吨以上的高产稳产。2003 年以后，油田年产油气当量保持在 4 000 万吨以上，为国家能源安全提供了重要保障。

政务院关于整顿和发展中等技术教育的指示（摘编）

（1952 年 3 月 31 日）

一九五一年十月一日本院公布的《关于改革学制的决定》已明确规定了中等技术学校在学校系统中的地位，其任务为培养工业、农业、交通、运输等方面的中级和初级技术人材（才），按程度分为技术学校（相当高级中学程度）和初级技术学校（相当初级中学程度），并已分别规定其修业年限和招生条件。各级人民政府除遵照此项决定施行外，并应根据下述方针，对中等技术教育进行有计划有步骤的整顿与发展：

（一）为满足目前国家对技术干部的迫切需要，及时完成为国家培养大量技术干部的任务，现阶段整顿和发展中等技术教育的工作，必须由各级人民政府有关业务部门以及各主要工矿企业和农场，在各级人民政府教育部门的指导协助和统一计划下，大家动手分工合作来共同进行。

（二）各类各级中等技术学校，均应根据各业务部门的具体需要，明确规定其方针与任务，并逐步地与适当地实行专业化与单一化，务求学用一致，使所培养的人材（才）确能适合各业务部门的需要。中等技术学校除给学生以专门的技术训练外，并须实施政治教育和基本的文化与科学知识教育。

（三）各类各级中等技术学校应在统一的方针下，由各级人民政府教育部门与各有关业务部门分工领导。关于中等技术学校的教育方针、制度、普通课程教学计划、全国总的设置计划和招生计划以及其他有关教育原则方面的问题，应由中央人民政府教育部决定（军事系统的技术学校除外），各地方人民政府的教育部门，应根据中央人民政府教育部的决定，领导各该地区的中等技术学校予以贯彻实施。

（四）各类各级中等技术学校应有计划地吸收有相当文化程度的产业工人、参加革命多年的干部和农民劳动模范入学，培养他们成为国家生产建设的技术干部，对他们的入学应给以种种便利和必要的优待。各机关、团体、工厂、矿山、农场均应从国家建设的长远利益着眼，认真地选送上述人员入中等技术学校学习。

政务院关于整顿和发展中等技术教育的指示

（一九五二年三月三十一日）

我们的国家正在积极地准备进行大规模的经济建设。培养技术人材是国家经济建设的必要条件，而大量地训练与培养中级和初级技术人材尤为当务之急。根据各方面的初步估计，在五六年内，全国经济建设约需中级和初级技术干部五十万人左右。我国现有的中等技术学校，在数量与质量上，均远不能适应此种需要。为此，各级人民政府应领导各有关部门共同积极整顿与发展中等技术教育，以解决国家建设所迫切需要的中级和初级技术干部问题。

一九五一年十月一日本院公布的《关于改革学制的决定》已明确规定了中等技术学校在学校系统中的地位，其任务为培养工业、农业、交通、运输等方面的中级和初级技术人材，按程度分为技术学校（相当高级中学程度）和初级技术学校（相当初级中学程度），并已分别规定其修业年限和招生条件。各级人民政府除遵照此项决定施行外，并应根据下述方针，对中等技术教育进行有计划有步骤的整顿与发展：

（一）为满足目前国家对技术干部的迫切需要，及时完成为国家培养大量技术干部的任务，现阶段整顿和发展中等技术教育的工作，必须由各级人民政府有关业务部门以及各主要工矿企业和农场，在各级人民政府教育部门的指导协助和统一计划下，大家动手分工合作来共同进行。在办学方针上，必须掌握革命建设初期的特点，采取革命的办法。除整顿和发展正规的技术学校外，还应根据实际需要举办各种速成性质的技术训练班，或在各工矿企业农场中以及各技术学校中附设各种业余性质的技术补习班或训练班，务使正规的、速成的、业余的各种技术学校或训练班得到适当的配合发展。技术学校的校舍和设备，应力求朴实合用，不怕因陋就简，编制和经费开支应力求精简节约，切忌铺张浪费，课程教材应注意精简集中，教学方法应尽量切合实际，以期做到既能完成迅速培养大量技术干部的任务，又能适当保持中等技术教育必需的水平。

（二）各类各级中等技术学校，均应根据各业务部门的具体需要，明确规定其方针与任务，并逐步地与适当地实行专业化与单一化，务求学用一致，使所培养的人材确能适合各业务部门的需要。中等技术学校除给学生以专门的技术训练外，并须实施政治教育和基本的文化与科学知识教育。因此，各类各级中等技术学校的课程应包括普通课、技术课及实验实习，纠正与防止单学技术忽视政治、文化学习的偏向。普通课的科目以及普通课与技术课所占的比重，应根据学校的性质、学生程度和修业年限分别规定。学校必须与有关的工厂、矿山、农场等建立密切联系，重视校内和校外的实验与实习，实验实习的时间应与技术课的讲授时数大体相等。各地现有的中等技术学校，均应按照上述原则，适当进行科别的调整和教学内容与方法的改进，使切合国家建设的需要。

（三）各类各级中等技术学校应在统一的方针下，由各级人民政府教育部门与各有关业务部门分工领导。关于中等技术学校的教育方针、制度、普通课程教学计划、全国总的设置计划和招生计划以及其他有关教育原则方面的问题，应由中央人民政府教育部决定（军事系统的技术学校除外），各地方人民政府的教育部门，应根据中央人民政府教育部的决定，领导各该地区的中等技术学校予以贯彻实施。关于中等技术学校的设置、变更、停办、分科、招生、业务课程、实验实习、经费开支、人事配备、毕业生的分配以及其他日常行政事宜等，应以分别由各有关业务部门直接决定为原则。今后各地新设中等技术学校，均应遵照上述原则办理；原有中等技术学校（包括私立者在内）中现归教育部门领导者，则应遵照上述原则有步骤和有准备地调整其领导关系；在领导关系未变更前亦应采取过渡办法，以加强业务部门与技术学校的联系。为加强对中等技术学校的领导，应由中央、大行政区及省（市）人民政府教育部门与同级各有关业务部门指定人员分别组织各级中等技术教育委员会，负责研讨和解决各项有关中等技术教育的重大问题。各级中等技术教育委员会组织条例另订之。中央、大行政区及省（市）人民政府的有关业务部门，其教育事务较多者，均应加强或增设管理技术教育的机构；其教育事务较少者，亦应设置专职人员，切实掌管此项教育工作。

（四）各类各级中等技术学校应有计划地吸收有相当文化程度的产业工人、参加革命多年的干部和农民劳动模范入学，培养他们成为国家生产建设的技术干部，对他们的入学应给以种种便利和必要的优待。各机关、团体、工厂、矿山、农场均应从国家建设的长远利益着眼，认真地选送上述人员入中等技术学校学习。

（五）中等技术学校普通课和技术课的教材，中央人民政府教育部及有关业务部门应即着手进行编审工作。教育部门应主要负责普通课教材的编审工作，各有关业务部门应主要负责技术课教材的编审工作，但应在工作上互相取得联系。各业务部门并应动员一定数量的工厂、矿山、农场等方面的技术人员到附近的中等技术学校教课。对这类的兼职教员，均应按学校的规定给予报酬。

（六）中等技术学校的经费，应按三级财政制度，分层负责解决。中央、大行政区及省（市）人民政府的有关业务部门应将技术教育经费作为建设资金的一部分列入自己的预算。

（七）各地中等技术学校毕业生的分配，应尽先满足地方主管业务部门的需要，必要时由中央作适当的调剂。

（八）各地现有的各类私立中等技术学校和私立技术补习学校，对培养技术人材能起一定的作用，各级人民政府及所属各有关业务部门应鼓励此类学校的设置，并加强领导，使其有效地为国家建设服务。其办理有成绩而经费确实困难者，应予以适当的补助。

（九）本指示对于本院《关于改革学制的决定》第三项丁目第三节所规定的医药及其他中等专业学校（贸易、银行、合作、艺术等）同样适用。

（十）中央人民政府教育部应根据本指示，会同中央人民政府各有关业务部门，拟订全国中等技术学校的设置和招生计划，报请本院批准施行。

总理　周恩来

一九五二年三月三十一日

根据一九五二年四月八日《人民日报》刊印

《政务院关于整顿和发展中等技术教育的指示》

第三章 改革开放　飞跃发展

1978 年，党的十一届三中全会召开，决定把党和国家的工作重点转移到社会主义现代化建设上来，实行改革开放。以经济建设为中心，中国的社会主义现代化建设迎来了全新的局面，技工教育也步入了发展的快车道。

从 1979 年开始，中共中央、国务院以及相关部委相继颁布并实施了一系列旨在促进、规范和指导技工教育发展的政策文件。技工教育的稳步发展，为技术工人提供了重要的教育保障。

改革开放的深化在为技术工人带来发展机遇的同时，也对技能人才培养提出了更高的要求。对此，除了在政策和培养体系上做好支持保障，国家还采取了一系列措施来进一步壮大技术工人的人才梯队。比如，完善技术工人的职业分类与技能认定机制，开展职业技能竞赛与先进分子表彰，建立健全技能人才的使用、考核、培训与激励机制，在全社会营造尊重技术、尊重人才的氛围，推动双边和多边技术合作与交流，等等。

尽管改革开放后技工队伍还面临一些问题，但技工队伍日渐壮大、技术水平普遍提升、技术创新成效显著。中国的技术工人不仅在经济发展中扮演着重要角色，同时也在对外开放的过程中走出国门，积极地参与国际性的技术援助与技术合作。在国际舞台上，中国的技工队伍已成为大国崛起的一张耀眼名片，成为国家综合国力显著提升的重要基石。

1978 年，邓小平在全国教育工作会议上指出，应该考虑各级各类学校发展的比例，特别是扩大农业中学、各种中等专业学校、技工学校的比例。1986 年，国家颁布《技工学校工作条例》，对技工学校的培养目标、学制和办学模式等作出明确规定。首都钢铁公司技工学校（现首钢技师学院）恢复办学。

改革开放初期，尽管条件相对简陋，设备略显粗糙，技工学校的学生们却能全神贯注地进行实训操作学习。这种吃苦耐劳、刻苦钻研的精神是技术工人最为宝贵的精神财富。

恢复办学后的首都钢铁公司技工学校

唐山车辆厂高级技工学校开展焊接操作实习

刘海珊，原上海建设路桥机械设备有限公司高级技师。他在工作中通过学习文化知识和钻研技术，攻克了 140 余项技术难关，其中国家重点项目 28 项，国家急需项目 5 项，为国家建设和企业发展作出了重大贡献。1989 年 12 月 15 日，在北京人民大会堂的首批高级技师颁证大会上，刘海珊获得首批高级技师证书，证书编号为 0001。

山东劳动技师学院始建于 1955 年，前身为“山东省劳动局济南工人技术学校”。1990 年，经有关部门批准，试办全国第一所高级技工学校——山东省高级技工学校。由山东起步，全国各地高级技工学校广泛建立，成为技工职业能力培养和提升的重要基地。

0001 号高级技师证书

山东省高级技工学校成立

瓜达尔港出入口的拱门（中新图片 供）

全国汽车专业教师操作技能竞赛在山东举行（中新图片 供）

2001 年，中巴建交 50 周年之际，中国应巴基斯坦邀请援建瓜达尔港，选派优秀的施工队伍，用最先进的技术和设备助力瓜达尔港成为地区转运枢纽。瓜达尔港项目是中国对外援助的一个缩影，也是改革开放后中国技术援外的一个重要实例。随着综合国力和科技实力的提升，中国的技术工人越来越多地走出国门，在国际舞台上展现他们的能力。

随着经济社会的发展，各行各业日益专业化、精细化，能否掌握先进的技术决定了中国的产业升级能否赶上时代发展和世界潮流。这一发展趋势对技术工人提出了更高的要求。因此，打造一支能够承担高技能人才培养工作的优秀教师队伍是关键的一环。理论学习、实践操作、技能竞赛等成为技工院校专业教师提升自我的重要途径。

2003年，神舟五号首次载人航天飞行圆满成功，我国成为世界上第三个独立掌握载人航天技术的国家，这是中国人在探索浩瀚星空、茫茫宇宙征程中的一个重大成就。杨利伟是当之无愧的航天英雄，在这个英雄背后，是一个由无数技术专家、技术工人组成的团队，正是这个团队托起了中国的航天梦，他们与杨利伟一样，也是当之无愧的英雄。

神舟五号飞船成功发射（中新图片 供）

郑州举办技术类人才专场招聘会（中新图片 供）

师徒结对（中新图片 供）

在劳动力市场化的时代背景下，技术工人的就业意向和企业的用工需求存在信息不对称的问题。通过专场招聘会等形式搭建沟通的平台，实现就业与招工的精准对接与双向选择，逐渐成为各地行政部门的一项重要举措。这种形式既可以促进技术工人的就业、满足企业的用工需求，也可以降低社会的经济成本，助力经济发展。

想要成为优秀的技术工人，不仅需要接受学校的专业化教育和职业化培养，更需要在工作实践中不断锻炼。与此同时，相对于年轻技工，老技工经验更为丰富，一些优秀的技术工人在长期的工作中掌握了先进技术，练就了“绝活”，成长为高级技工。因此，年轻技工向师傅学习，已成为行业的一种传统。这种基于师徒关系的“传帮带”是年轻技工快速成长的一条“捷径”，也是加强团队协作、培育集体荣誉感的重要方式。

技术工人在操作数控机床（中新图片　供）

技工院校专业设置对接区域产业座谈会

技术工人，尤其是高级技工，是中国产业升级、科技创新的重要技术支撑。随着经济的发展和产业的转型升级，高级技工的市场需求越来越大，社会地位也越来越高。高级技工收入和待遇不断提升，反映了市场对高级技工的需求与认可，同时也对稳定和扩大技工队伍以及促进一般技工蜕变为高级技工产生了积极的导向作用。

改革开放以来，技工院校经过不断改革，在院校布局、办学方针、专业设置、目标培养等方面都进行了较大调整，实现了结构性的优化。尤其是在适应市场需求和产业结构调整方面，各地技工院校通过对接区域产业、合理调整专业设置等举措，实现了与时俱进及“技”“产”融合，为新兴产业、区域重点产业的可持续发展提供了相配套的人才供给。

2008 年汶川大地震，全国技工院校大力支援受灾地区的技工院校，共有 15 个省市的 103 所重点技工院校无条件接收了 2 737 名灾区学生。技工院校不仅是职业教育的重要场所，也在培育学生社会责任、培养学生奉献精神、培植学生家国情怀中扮演着重要的角色。新时期的技术工人，不仅是职业技能的传承者，同时也是时代精神的传承者。

2009 年，人力资源社会保障部启动一体化课程教学改革试点工作，尝试以典型工作任务为载体构建课程体系，实现理论教学和实践教学融通合一、能力培养和工作岗位对接合一。一体化教学的实施，是技工培养模式的一次改革和创新。

山东省的技工院校学生欢迎四川地震灾区学生的到来

一体化教学现场

窦铁成：从普通工人到“工人教授”

1979 年，铁道部第一工程局（现中铁一局集团有限公司）面向社会招工，凭借自学的电力知识，窦铁成顺利通过考试，成了第一工程局的一名电力工人。窦铁成在工作中不仅认真严谨，而且笔头勤快。在几十年的工作生涯中，他先后记满了 90 余本学习和技术笔记，总字数超 200 万字。

凭借过硬的技术和所取得的成绩，窦铁成先后荣获全国五一劳动奖章、“全国劳动模范”荣誉称号，入选“100 位新中国成立以来感动中国人物”、新中国成立 70 周年“最美奋斗者”。对窦铁成而言，荣誉是一种肯定，但他更希望的，是将他的技术传授给更多的人。“一个人的能力再高也终归有限，集体的力量才是无穷的。只有把知识和技能传授给更多的人特别是年轻人，才能提升团队战斗力，让大家都成为技术能手，那才无愧于企业对自己多年的培养。”他是这样说的，也是这样做的。

窦铁成

许振超

许振超：满身“绝活”的“金牌工人”

“一钩准”“一钩净”“二次停钩”“无声响操作”“‘六连环’工作法”“10小时保班”“15分钟排障”……这些乍一看让人如坠云里的名词，其实是一名桥吊工人几十年摸索出来的技术“绝活”。这个人就是被誉为“金牌工人”的许振超，而让他名扬四海的“振超效率”，便基于这一个个的“绝活”。

2003年4月27日，许振超和他的团队在“地中海法米娅”轮上挑战集装箱装卸的世界纪录。从20时20分开始到凌晨2点35分，许振超及其团队在6小时15分钟的时间里，完成了3 400个标准箱的装卸，创造了每小时单机效率70.3自然箱、单船效率339自然箱的新世界纪录。后来，他和他的团队又9次刷新集装箱装卸世界纪录，“振超效率”声名远播。

俗话说：“一招鲜，吃遍天。”许振超不仅自己“绝技”满身，同时也不吝将这些“绝活”在团队工友中推广，他的创新精神也激励了其他人的探索热情。几十年间，他带出了一支技术过硬的工作团队。他和他的团队用实际行动证明了，科学技术是第一生产力，过硬的操作技能同样也是生产力。

技术过硬的团队（中新图片 供）

1990 年的一天，码头上一台桥吊控制系统出了故障，请来维修的外国技术专家只待了 12 天，费用却高达 4.3 万元。高昂的维修费让许振超感到心痛，而技术上的受制于人更激起了他捍卫民族尊严的决心。他发现技术难点都集中在控制系统的模板上，于是便设想用桥吊的模板倒推出电路图。在此后的几年时间里，许振超每天下班后都在摸索借来的备用模板，仔细分辨上面 2 000 多个焊点和细如发丝的线路，然后一笔一笔绘制成图。最终，他攻克了这一技术难点，电路图纸有六七十厘米厚。这一成就甚至连上海港机厂的专家得知后都发出了由衷的慨叹：这在中国绝对是一个创举！

青岛前湾集装箱码头（中新图片　供）

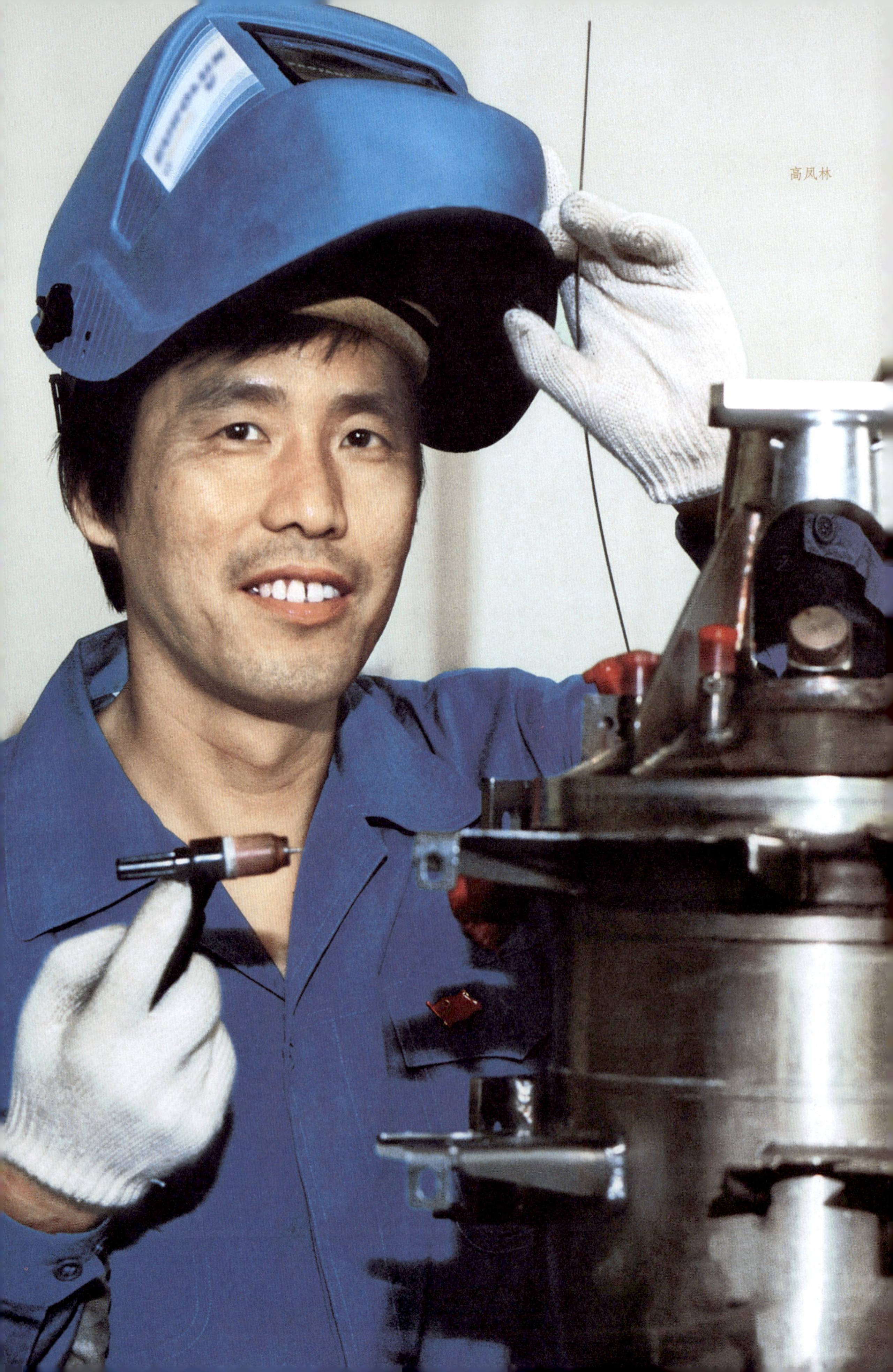

高凤林

高凤林："焊接巧匠"

技工出身的高凤林承担的是大国重器——运载火箭的焊接任务。航空、航天设备制造中的焊接技术是一个时期全部焊接技术运用的高地，而其中航天运载工具——火箭发动机制造中的焊接技术又是这个时期全部焊接技术运用的顶峰。正是在这样要求严苛的工作岗位上，高凤林不仅取得了优异成绩，还创造了奇迹。

1989 年，高凤林受命承担"长征二号 E"运载火箭振动塔建设的关键性任务：焊接用于支撑火箭震动的大梁。他经过反复的试验，提出了一套全新的焊接方案：通过控制温度来完成焊接工艺要求。这套方案得到了从总工程师到一线技术人员的认可，而更重要的"认可"则来自运载火箭的成功发射。这也是高凤林攀上"焊接高地"的第一座高峰。

有一次，高凤林带领团队承担起长三甲三子级发动机螺旋管束式大喷管的焊接任务。高凤林与他的焊接小组花了 30 个日夜来不断改进焊接工艺，但当长达近千米的焊缝完成最后一个焊点送 X 光透视检验时，却显示多处焊缝背部有裂纹，这也意味着任务的彻底失败。高凤林对大喷管的结构、使用的材料、焊接的程序等一一进行了复验，大胆得出了"X 光下的裂纹是假象"这一结论。尽管面对各种质疑，高凤林在厂里召开的质量分析大会上还是勇敢地提出了自己的见解。最终，在对大喷管试件作剖切分析后，高凤林的看法被证明是正确的，这避免了大喷管的报废损失，也保证了长征系列火箭研制的进度。

"长征二号 E"起飞（中新图片 供）

高凤林在做报告（中新图片 供）

2000 年，在国家“863 计划”科研项目大推力氢氧发动机燃烧室的焊接攻关中，高凤林通过机械控制、操作、气体流量比选择等一整套工艺方法，使焊缝合格率达到 100%。高凤林凭借自己过硬的技术成为了航天系统的“第一把焊枪”。

高技能人才队伍建设中长期规划（2010—2020年）（摘编）

以实施国家高技能人才振兴计划为龙头，以加强高级技师培训为重点，通过大力加强高技能人才培训基地建设和技能大师工作室建设，进一步完善和落实重大政策，创新体制机制，推动高技能人才总量稳步增长，素质大幅度提高，使用效能明显增强。重点采取以下政策措施:

（一）以实施国家高技能人才振兴计划为龙头，加大高技能人才培训力度。适应发展现代产业体系、加快产业调整和振兴的需要，以高级技师为重点，大力开展高技能人才培训，加快高技能人才培养和素质提升。重点加大房屋和土木工程建筑业、交通运输设备制造业、通用设备制造业等行业（领域）高技能人才培训力度。到2020年，全国新培养技师350万人，高级技师100万人，使高技能人才总量达到3 900万人。国家重点推动加强上述行业（领域）50万名高级技师培训。

制定完善支持高技能人才成长的政策措施。对参加急需紧缺行业（领域）高技能培训的人员，可按规定给予培训补贴。制定贯通高技能人才与工程技术人才职业发展通道的办法，选择部分工程技术类专业，探索开展取得高级工以上职业资格证书的人员按规定参加相应专业技术职称评审试点；鼓励工程技术人员参加职业技能鉴定，取得相应的职业资格证书。鼓励企业与职工院校毕业生协商确定初次就业工资水平时，对取得高级工以上职业资格证书的参照大专毕业生待遇确定。

（二）以制度创新为重点，健全高技能人才评价选拔制度。进一步突破年龄、资历、身份和比例限制，积极探索和完善符合高技能人才成长规律的多元评价机制，逐步完善社会化职业技能鉴定、企业高技能人才评价、院校职业资格认证和专项职业能力考核办法。

进一步发挥职业技能竞赛在发现和选拔优秀高技能人才中的作用，结合企业需求和院校实际，统筹组织和实施各类职业技能竞赛，完善职业技能竞赛组织程序、参赛条件、竞赛职业（工种）的选择、竞赛内容、竞赛后的激励方式等，引导和带动广大企业职工和院校学生积极参加岗位练兵和技能竞赛活动，不断提高技能水平，为更多优秀高技能人才脱颖而出搭建平台。按照世界技能组织要求，积极组织我国优秀选手参加国际技能大赛，推动我国优秀技能人才走向世界。获得国际、国家级和省部级职业技能竞赛优秀名次的人员，可以按照规定晋升职业技能等级。

（三）以建设技能大师工作室为重点，充分发挥高技能人才作用。鼓励企业以岗位为基础，建立高技能人才多层次发展通道，并给予相应待遇，引导高技能人才立足本职，钻研技能，提高技能水平，实现职业发展。进一步推行技师、高级技师聘任制度，发挥高技能人才在技能岗位的关键作用。鼓励企业根据自身发展需要，建立高技能人才带头人制度，并给予必要的经费和人员等支持。鼓励各级政府、行业企业充分发挥生产、服务一线优秀高技能人才在带徒传技、技能攻关、技艺传承等方面的重要作用，依托其所在单位建设一批技能大师工作室。

（四）以完善制度和落实政策为重点，健全高技能人才激励表彰机制。进一步完善以政府奖励为导向，企业奖励为主体，辅以必要的社会奖励的高技能人才奖励体系，不断提升高技能人才经济待遇和社会地位。对为国家和社会发展做出杰出贡献的高技能人才给予崇高荣誉并实行重奖。

鼓励行业企业开展优秀高技能人才同业交流、联合攻关、培训深造、出访考察活动。鼓励、引导企业建立和完善职工培训与招录、考核、使用及待遇相挂钩的机制，制定知识、技术、管理、技能等生产要素按贡献参与分配的办法，使职工获得与其职业技能等级和业绩贡献相适应的工资和待遇。

高技能人才队伍建设中长期规划

发布时间：2011-07-06　　字体：[大 中 小]

高技能人才队伍建设中长期规划（2010-2020年）

为更好实施人才强国战略，适应走新型工业化道路和产业结构优化升级的要求，培养造就一大批具有精湛技艺的高技能人才，根据《国家中长期人才发展规划纲要（2010-2020年）》的总体要求，特制定本规划。

一、规划背景

高技能人才是指具有高超技艺和精湛技能，能够进行创造性劳动，并对社会作出贡献的人，主要包括技能劳动者中取得高级技工、技师和高级技师职业资格的人员。高技能人才是我国人才队伍的重要组成部分，是各行各业产业大军的优秀代表，是技术工人队伍的核心骨干，在加快转变经济发展方式、促进产业结构优化升级、提高企业竞争力、推动技术创新和科技成果转化等方面具有重要作用。

《高技能人才队伍建设中长期规划（2010—2020年）》

第四章

非凡十年　技能闪耀

自党的十八大以来，党和国家的事业取得了历史性成就、发生了历史性变革，我国迈上全面建设社会主义现代化国家新征程。以习近平同志为核心的党中央对新时代党和国家事业发展作出科学完整的战略部署，提出实现中华民族伟大复兴的中国梦，以中国式现代化推进中华民族伟大复兴。经过接续奋斗，我国发展站在了更高历史起点上，经济实力实现历史性跃升。我们制造业规模、外汇储备稳居世界第一；建成世界最大的高速铁路网、高速公路网，机场、港口、水利、能源、信息等基础设施建设取得重大成就；我们加快推进科技自立自强，基础研究和原始创新不断加强，一些关键核心技术实现突破，战略性新兴产业发展壮大，载人航天、探月探火、深海深地探测、超级计算机、卫星导航、量子信息、核电技术、新能源技术、大飞机制造、生物医药等取得重大成果，进入创新型国家行列。

党中央、国务院高度重视技能人才队伍建设，将技工教育工作摆在了前所未有的突出位置。习近平同志多次作出重要指示批示，要求大规模开展职业技能培训，加快培养大批高素质劳动者和技术技能人才。在各类政策的推动下，社会尊重技能的氛围越来越浓厚，技工院校学生培养质量不断提升。新时代，我国形成了以技师学院为龙头、以高级技工学校为骨干、以普通技工学校为基础的现代技工教育体系。技工院校成为我国产业工人的重要供给基地和技能人才自主培养的重要渠道。在世界技能大赛中，中国代表团取得了傲人成绩，充分展现了中国青年技能人才的风采和中国技工教育的突出成绩。

近年来，中央财政大力支持技工院校发展，技工院校整体实力得到显著提升。

东莞技师学院

常州技师学院

服务就业创业是技工院校坚持特色发展、增强服务能力的重要举措。技工院校每年面向各类群体开展就业技能培训、岗位技能提升培训和创业培训。

开封技师学院开办退役士兵培训班

贵州省电子信息技师学院为下岗职工开办职业技能培训班

世界技能大赛是由世界技能组织举办的全球地位最高、规模最大、影响最广的世界性职业技能竞赛，一般每两年举办一次，被誉为“世界技能奥林匹克”。从2011年起，中国代表团开始参加世界技能大赛。至2019年第45届大赛时，中国代表团已位列金牌榜、奖牌榜、团体总分第一名。

世界技能大赛上的中国代表团

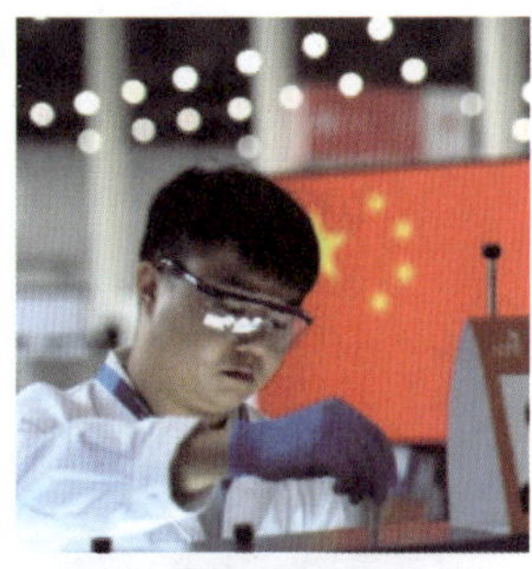

技能大赛货运代理项
阶段集训结业式
2018年11月09日

“技能中国行”是人力资源社会保障部自2013年开始组织的技能展示交流活动。活动采用展板展示、专题技术报告会以及中华技能大奖获得者代表、世界技能大赛和国内技能大赛获奖选手事迹报告会或技能展示等多种形式，结合技能竞赛、举办地各类技能人才队伍建设工作领域主题活动举行。截至2022年底，“技能中国行”活动先后“走进”24个省（自治区、直辖市）。

第69届联合国大会于2014年12月18日通过决议，将每年的7月15日确定为世界青年技能日。2022年，人力资源社会保障部联合多部门在全国组织开展了世界青年技能日主题活动。

“技能中国行”2018——走进甘肃

2022年世界青年技能日主题活动

广州市工贸技师学院与企业签订世赛（世界技能大赛）企业实训基地合作协议

首钢技师学院为首钢京唐海水淡化项目培养学生

海南省技师学院与企业联合培养学生

校企合作是技工院校办学的基本制度之一，可以概括为“三个对接”“八个共同”和“多种模式”。

三个对接 专业设置与产业需求对接、课程内容与职业标准对接、教学过程与工作过程对接。

八个共同 校企共同招生招工、共商专业规划、共议课程开发、共组师资队伍、共创培养模式、共建实习基地、共搭管理平台、共评培养质量。

多种模式 订单班、冠名班、集团化办学、校企股份制合作、前厂后校、校中有企、企中有校。

宋彪的故事

2017 年 11 月 21 日，参加第 44 届世界技能大赛的中国选手从阿布扎比回国，受到了国家领导人的亲切接见。52 名参赛选手平均年龄不到 21 岁，取得了 15 枚金牌，7 枚银牌，8 枚铜牌和 12 个优胜奖的好成绩。他们之中，19 岁的宋彪尤其引人瞩目。

五星红旗飘扬在阿布扎比

时间拨回到北京时间 2017 年 10 月 20 日凌晨，也就是阿联酋首都阿布扎比时间 10 月 19 日晚，第 44 届世界技能大赛闭幕式暨颁奖仪式正在举行。世界技能组织主席西蒙 · 巴特利将世界技能大赛最具分量的大奖“阿尔伯特 · 维达”奖颁发给了中国代表团工业机械装调项目金牌得主宋彪。

一向内敛的宋彪在接过奖杯后，纵情高喊了三声：“中国！中国！中国！”全场顿时沸腾了，报之以欢呼与热烈的掌声。

宋彪在安徽蚌埠怀远县的一个小村庄长大，父母在外打工，他跟着爷爷奶奶生活。宋彪性格腼腆，中考后进入江苏省常州技师学院模具制造专业学习。没有人会想到，这个年轻小伙子能够拿到这样一个每届比赛只有一名选手可以获得的殊荣！

西蒙 · 巴特利为宋彪颁发“阿尔伯特 · 维达”奖

宋彪

宋彪参加的工业机械装调项目是第 44 届世界技能大赛的一个新项目，几乎没有可以借鉴的经验。最开始，专家、教练对于项目技术文件的理解也是各有不同，甚至完成项目所使用的工具、量具、设备都很难找到。宋彪的基础原先也只是一般，之前也曾在参加一次国内比赛时第一轮就被淘汰。不过，他凭借刻苦训练，一路披荆斩棘，最终代表中国参加阿布扎比的比赛。

世界技能大赛工业机械装调项目比赛分 4 天进行，累计比赛时间为 21 个小时。这一次，宋彪比赛项目的主要任务是制造一个脚踏式水净化器。在第 4 天，他迎来了最关键的冲刺阶段。当他准备开工之时，大赛组委会告诉他，由于裁判的一些失误，前一天的计时出了问题，宋彪必须比其他人晚半小时开始。这就是残酷的比赛，宋彪只能无奈地服从大赛组委会的决定。虽然预定的计划被打乱了，但他努力排除干扰，让自己平静下来。

当重新回到赛场，他加快了操作节奏，最终发挥出了最好水平。比赛结束，宋彪堪称完美的作品获得了评委的青睐，得到了总分 779 分的成绩，夺得了金牌。不仅如此，由于他在所有选手中获得了最高分，被授予了“阿尔伯特·维达”奖！

宋彪的成功是他与背后团队共同努力的结果，是中国制造业繁荣进步的最好证明！光荣属于他们，光荣属于中国！

宋彪在比赛现场

比赛中的宋彪

代旭升的故事

所有人都会记得这一幕：王进喜奋不顾身地跳入了冰冷刺骨的泥浆池，用身体搅动水泥，依靠“铁人精神”夺取了石油大会战的辉煌胜利。现在，不朽的“铁人精神”在黄河三角洲这片年轻的土地上再次绚烂地绽放。代旭升是胜利油田的采油工，是“铁人精神”继承者中的优秀代表。

1972 年寒冬，刚参加工作的代旭升聚精会神地听着采油工人们讲述大庆石油大会战的故事，讲述“铁人精神”，讲述大庆石油工人的光荣与梦想，他暗下决心，要做一名合格的石油工人，要做一名“铁人”。他有一股特别能吃苦的劲头。为了掌握钢丝打结刮蜡技术，他用 2 毫米粗的钢丝练习了一遍又一遍，直到右手血肉模糊，一伸一握疼得脸上滚汗。在日常工作之余，他用了 3 年时间刻苦学习高中课程和十几本采油技术及地质学书籍，扎实掌握了采油技术。

昔日的油田

今日的油田

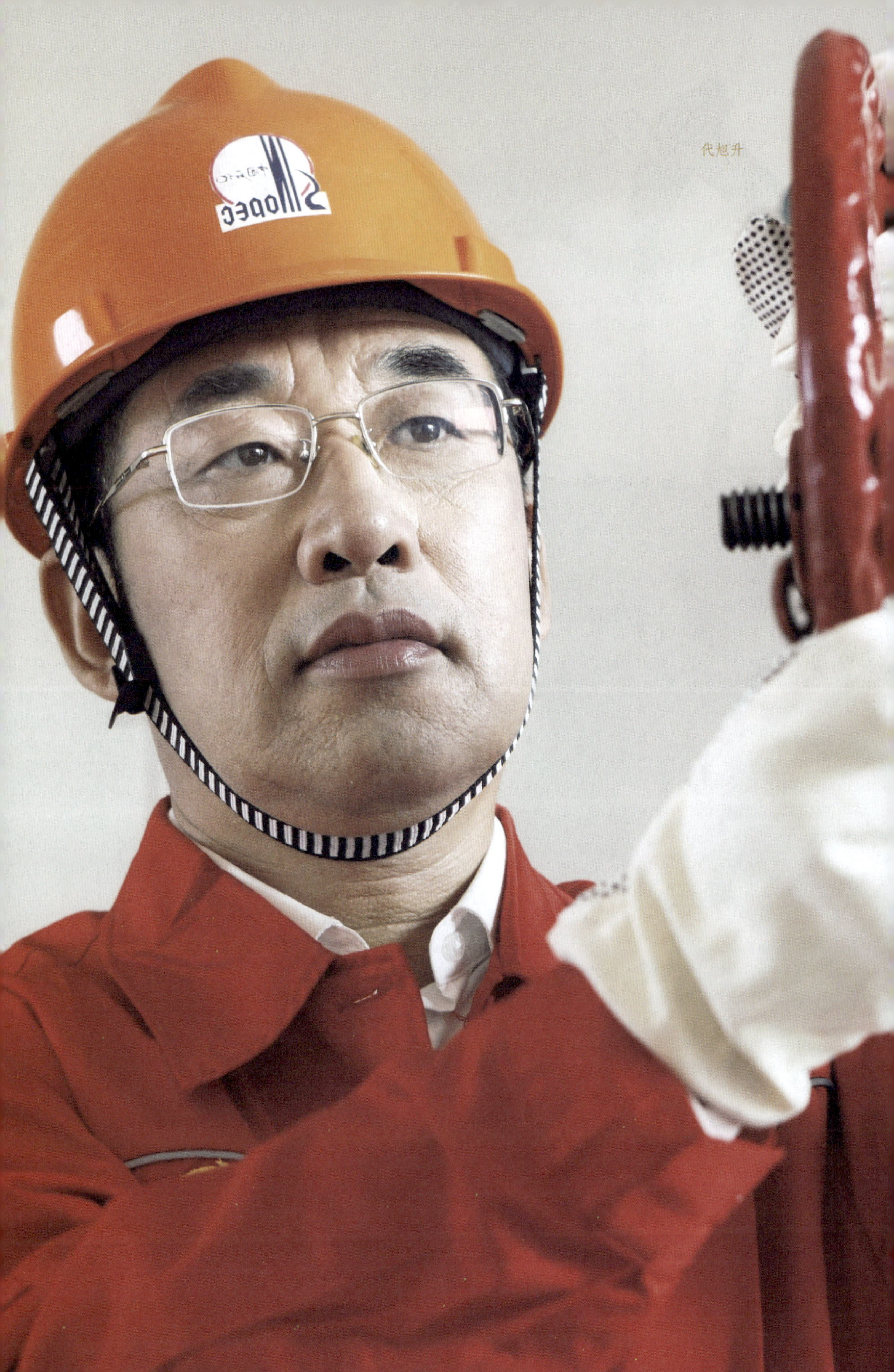

代旭升

能吃苦、肯动脑的代旭升很快脱颖而出，成为采油技术革新专家。他发明了抽油机计量控制柜、角式单流阀、低压真空开关、增压泵软连接装置等设备。他研制的液压式调平衡装置巧妙地解决了抽油机调平衡问题，原本四五个小伙子都不一定干好的活，现在两名娇小的女工就可以完成了，提高了生产效率和安全性。他研制的移动式套管气回收装置，回收了原本直接排入大气中的油井套管天然气，不仅减少了浪费和环境污染，还消除了事故隐患，填补了国内技术空白。2009 年，他登上了人民大会堂的领奖台，获得了国家科学技术进步二等奖，成为中国石油化学工业产业工人中获此殊荣的第一人。

代旭升把不断进行技术革新的信念传递给年轻人，他主动承担起技能人才的培养工作，手把手地教青年工人技术，帮助他们解决遇到的难题。他成立了“工人技术创新协会”，开办了胜利油田“采油技能大师网站”，带出了一大批技术高超的石油工人。全国劳动模范和全国五一劳动奖章是代旭升所取得成绩的最好证明。

代旭升

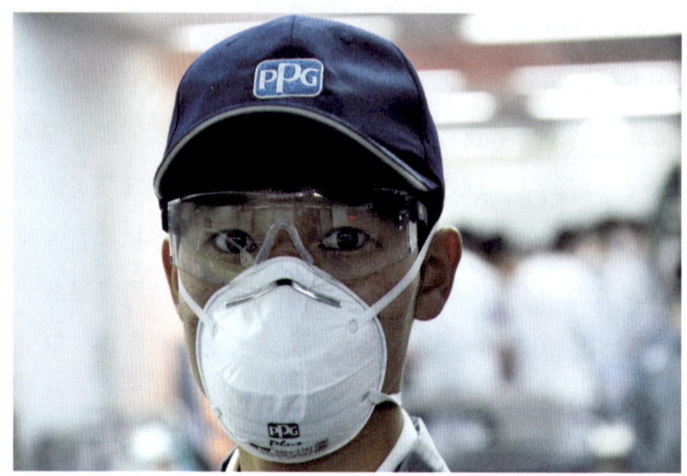

蒋应成

蒋应成的故事

2017 年 10 月 20 日凌晨，一个跨越了 4 小时时差的电话打到了云南省保山市施甸县何元乡大寨门村。这是蒋应成在获得第 44 届世界技能大赛汽车喷漆项目冠军后，从 5 000 公里外的比赛现场打来的。他兴奋地向大伯报告了夺冠的消息，激动地分享着属于他的荣光。成功的喜悦让人意气风发，鲜花和掌声都属于这位来自云南山村的世界冠军！

大寨门村是我国西南边陲一个普通山村，名不见经传。蒋应成出生在这里，父亲去世得早，好在有叔伯的资助。蒋应成完成了初中学业，又通过政府实施的“雨露计划”，进入到保山技师学院学习。这是他挣脱贫困的束缚，为命运拼搏的第一步。

2012 年，蒋应成来到了杭州。当时，云南省保山市人社局、保山技师学院和杭州技师学院实行合作，选拔了一批优秀学生到杭州技师学院学习。蒋应成便是其中一员。他在学习中刻苦磨炼技能，在学生技能运动会、世界技能大赛全国选拔赛等比赛中连创佳绩，开启了他的追梦之路。

将应成在世界技能大赛现场

蒋应成在训练

2013 年，蒋应成参加第 43 届世界技能大赛全国选拔赛，在最终二进一比赛中遗憾落败。2016 年，蒋应成再次入选国家集训队。在集训队，他除了吃饭睡觉就是训练。为了保证喷枪的稳定性，他通常会在喷枪上挂一瓶 500 毫升的矿泉水。为了保证充足的体能，他每天要在学校标准操场跑 30 圈。如他所说，这段时光中，“自己就像一块海绵，抓住一切机会吸收各种养分，累并快乐着”。

专注操作的蒋应成

蒋应成在指导学生

刻苦训练是夺冠的前提，世界技能大赛没有辜负他的汗水。赛后，他也收获了很多荣誉，比如杭州市五一劳动奖章、杭州工匠、最美浙江人、浙江省五一劳动奖章、中国五四青年奖章等，也拿到了浙江省特级技师证书，证书编号 0002。现在，他在杭州技师学院担任喷漆专业教师，加入了世界技能大赛教练团队，继续发光发热。

蒋应成回到初中母校时，面对和自己当年一样的山村孩子，他动情地说道：“技能可以成就梦想、改变命运。”

人力资源社会保障部　国家发展改革委　财政部
关于深化技工院校改革　大力发展技工教育的意见（摘编）

（一）实施优质技工院校建设计划。以技师学院为重点，在全国遴选 300 所左右优质技工院校、500 个左右优质专业。支持依托优质技工院校建设国家级、省市级高技能人才培训基地、公共实训基地、世界技能大赛集训基地，承办国家级、省级技能大师工作室负责人交流活动，举办区域内或行业内高技能人才研修交流活动。加强国际交流，构建技工院校师生海外培训交流的渠道。坚持“引进来”与“走出去”并重，扩大与“一带一路”沿线国家的技工教育合作。

（二）实施技工教育强基工程。加强专业建设和教学改革，完善技工院校专业目录并实行动态调整机制，原则上每 5 年修订 1 次并根据情况进行灵活增补。支持和引导各地技工院校建设一批符合国家战略需要、与当地主导产业发展相匹配的特色专业。构建以国家技能人才培养标准、公共课课程标准、大类通用专业课课程标准、专业课程规范等组成的技工教育教学标准体系。加强对全国技工院校大类专业建设的指导，开发大类通用专业课课程标准和主体专业课程规范。加大技工院校公共课课程改革创新力度，扩大通用职业素质课程实验范围。开发遴选技能人才培养标准和课程规范，持续推进工学一体化教学改革。充分发挥各级教研机构作用，加强教研机构建设，加大研究工作力度，组织优秀教研成果展示交流活动，汇编推广技工教育优秀教研科研成果。

（三）加强就业创业服务。加强技工院校与公共就业和人力资源服务机构、用人单位合作，共同组织开展招聘会、就业创业指导等多样化服务。完善全国技工院校毕业证书查询系统，推动与有关部门间信息互联互认。技工院校毕业生按规定享受就业创业相关政策，中级工班、高级工班、预备技师（技师）班毕业生分别按照中专、大专、本科学历落实职称评审、参军入伍等相关政策。推进“互联网 + 就业”工作模式，开展个性化辅导和咨询。加强创新培训师资培养，推动技工院校创业创新培训。支持有条件的技工院校建立创业孵化基地等创业服务载体。定期举办学生创业创新大赛。

（四）加强学校各项规范管理工作。修订技工院校设置标准，完善晋级和退出机制。修订技工院校学生学籍管理办法，实行全日制和非全日制学籍分类注册管理的制度并加强监督管理。研究制定弹性学制、学分积累转换等政策，健全学校招生管理、教学管理、实习管理等内部管理制度。加强学生心理素质教育，积极推进校园文化建设和网络安全管理。加强安全教育宣传，完善联防联控和安全应急管理机制。建立完善技工院校学生资助管理工作体系，健全学生资助管理机构，提高规范化管理水平。

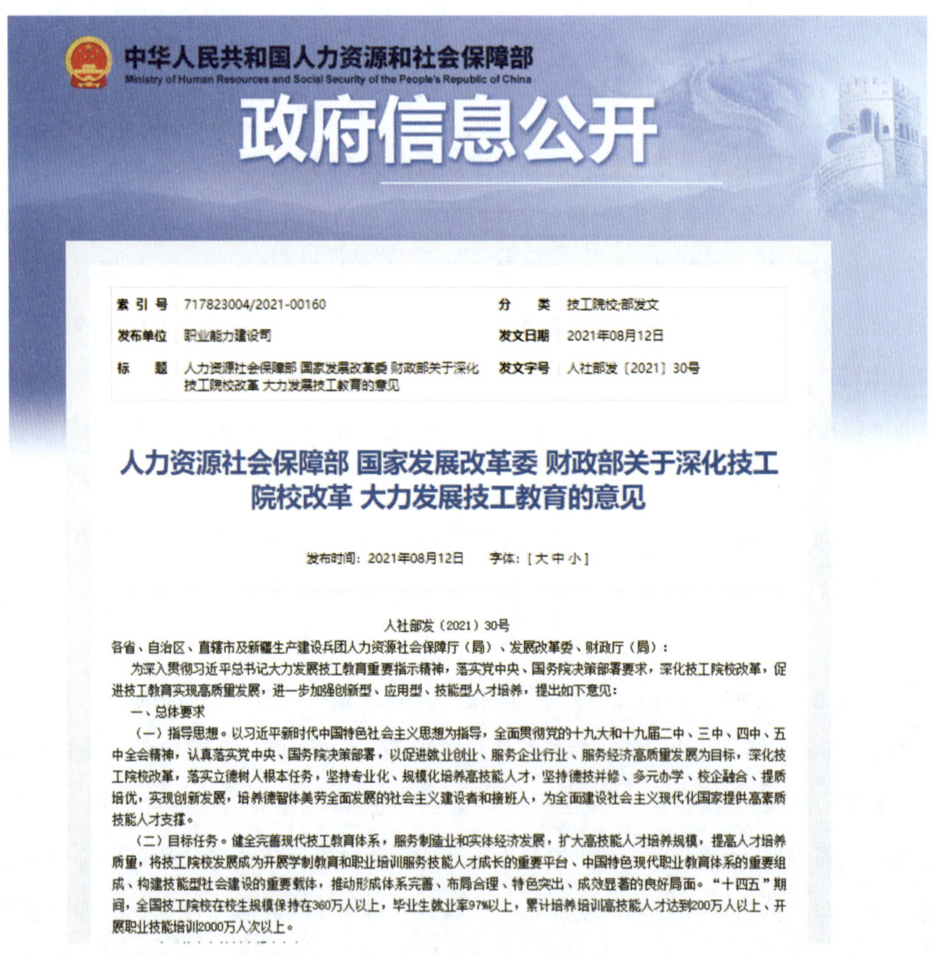
中华人民共和国人力资源和社会保障部
Ministry of Human Resources and Social Security of the People's Republic of China

政府信息公开

索引号	717823004/2021-00160	分类	技工院校;部发文
发布单位	职业能力建设司	发文日期	2021年08月12日
标题	人力资源社会保障部 国家发展改革委 财政部关于深化技工院校改革 大力发展技工教育的意见	发文字号	人社部发〔2021〕30号

人力资源社会保障部 国家发展改革委 财政部关于深化技工院校改革 大力发展技工教育的意见

发布时间：2021年08月12日　字体：[大 中 小]

人社部发（2021）30号

各省、自治区、直辖市及新疆生产建设兵团人力资源社会保障厅（局）、发展改革委、财政厅（局）：

为深入贯彻习近平总书记大力发展技工教育重要指示精神，落实党中央、国务院决策部署要求，深化技工院校改革，促进技工教育实现高质量发展，进一步加强创新型、应用型、技能型人才培养，提出如下意见：

一、总体要求

（一）指导思想。以习近平新时代中国特色社会主义思想为指导，全面贯彻党的十九大和十九届二中、三中、四中、五中全会精神，认真落实党中央、国务院决策部署，以促进就业创业、服务企业行业、服务经济高质量发展为目标，深化技工院校改革，落实立德树人根本任务，坚持专业化、规模化培养高技能人才，坚持德技并修、多元办学、校企融合、提质培优，实现创新发展，培养德智体美劳全面发展的社会主义建设者和接班人，为全面建设社会主义现代化国家提供高素质技能人才支撑。

（二）目标任务。健全完善现代技工教育体系，服务制造业和实体经济发展，扩大高技能人才培养规模，提高人才培养质量，将技工院校发展成为开展学制教育和职业培训服务技能人才成长的重要平台、中国特色现代职业教育体系的重要组成、构建技能型社会建设的重要载体，推动形成体系完善、布局合理、特色突出、成效显著的良好局面。“十四五”期间，全国技工院校在校生规模保持在360万人以上，毕业生就业率97%以上，累计培养培训高技能人才达到200万人以上、开展职业技能培训2000万人次以上。

《人力资源社会保障部　国家发展改革委　财政部关于深化技工院校改革　大力发展技工教育的意见》

推进技工院校工学一体化技能人才培养模式实施方案（摘编）

一、总体要求

以一体化课程教学改革试点工作为基础，以技师学院为重点，在全国技工院校大力推进工学一体化培养模式。加强工学一体化课程标准、教学资源、教师培养工作，将企业典型工作任务转换为学校教学内容，根据工作过程设计教育过程，实现“在工作中学习、在学习中工作”。力争到“十四五”末实现“百千万”目标，即建设 100 个工学一体化培养模式专业，1 000 所技工院校参与实施工学一体化培养模式，培训 10 000 名工学一体化教师，进一步提高技能人才培养质量，帮助学生从学校学习到就业工作紧密衔接。

二、主要任务

制定工学一体化课程标准。通过组织制定、征集遴选等多种方式加快开发和修订技工院校工学一体化课程标准，明确培养目标、课程安排、课程规范、实施建议、考核与评价等技能人才培养要求。以通用职业素质课程为突破口，加快公共基础课课程改革创新发展。促进工学一体化课程标准与世界先进标准对接，充分吸收世界技能大赛的先进理念、技能标准、评价体系，推进世界技能大赛各赛项的专业或课程转化工作。

开发工学一体化教学资源。紧密对接产业升级和技术变革趋势，优先开发先进制造业、现代服务业、战略性新兴产业，以及国家急需紧缺职业的教学资源，创新教材形态，开发活页式、工作手册式、融媒体式等教材。开发满足课程教学需要的教学资源包，包含教材、工作页、教学案例库、教学课件、教学视频等。落实《技工院校教材管理工作实施细则》，强化教材规范化管理，坚持凡编必审、凡选必审。

应用工学一体化教学方法。以企业劳动组织方式和工作方法为主要依据，以培养学生综合职业能力为主要目标，深入分析技工院校学生成长成才规律及特征。贯彻以学生为中心、以能力为本位的教学理念，设立课程教学研究与推广应用的课题或项目，加强教学理论研究。创新应用教学技术，充分利用各种形式的教学资源，实施工作过程导向、引导学生自主学习的行动导向教学。

建设工学一体化教学场地。通过新建、改造等方式，建设满足工学一体化课程教学需要的教学场地，科学设置与教学班级规模相匹配、符合工作任务实施要求的软硬件教学设备。

鼓励支持技工院校争创国家级、省市级高技能人才培训基地、公共实训基地、世界技能大赛集训基地，积极参与教育强国推进工程。支持技工院校利用公共实训基地开展技能实训，带动工学一体化课程教学场地建设。

加快工学一体化教师队伍建设。实施工学一体化师资专项培训计划，制定师资培训标准，建设师资研修基地，推进网络师资研修，加大教师培训力度。通过各级各类教师职业能力大赛，促进教师提升工学一体化教学能力。技工院校可安排一定比例或者通过流动岗位等形式，面向企业和社会聘用高技能人才等担任专兼职工学一体化教师。在公开招聘有职业技能等级要求的教师时，可以适当降低学历要求，或不再设置学历要求。对优秀高技能人才，可按照国家有关规定直接通过考察的方式公开招聘到与所获技能奖项相关的岗位任教。

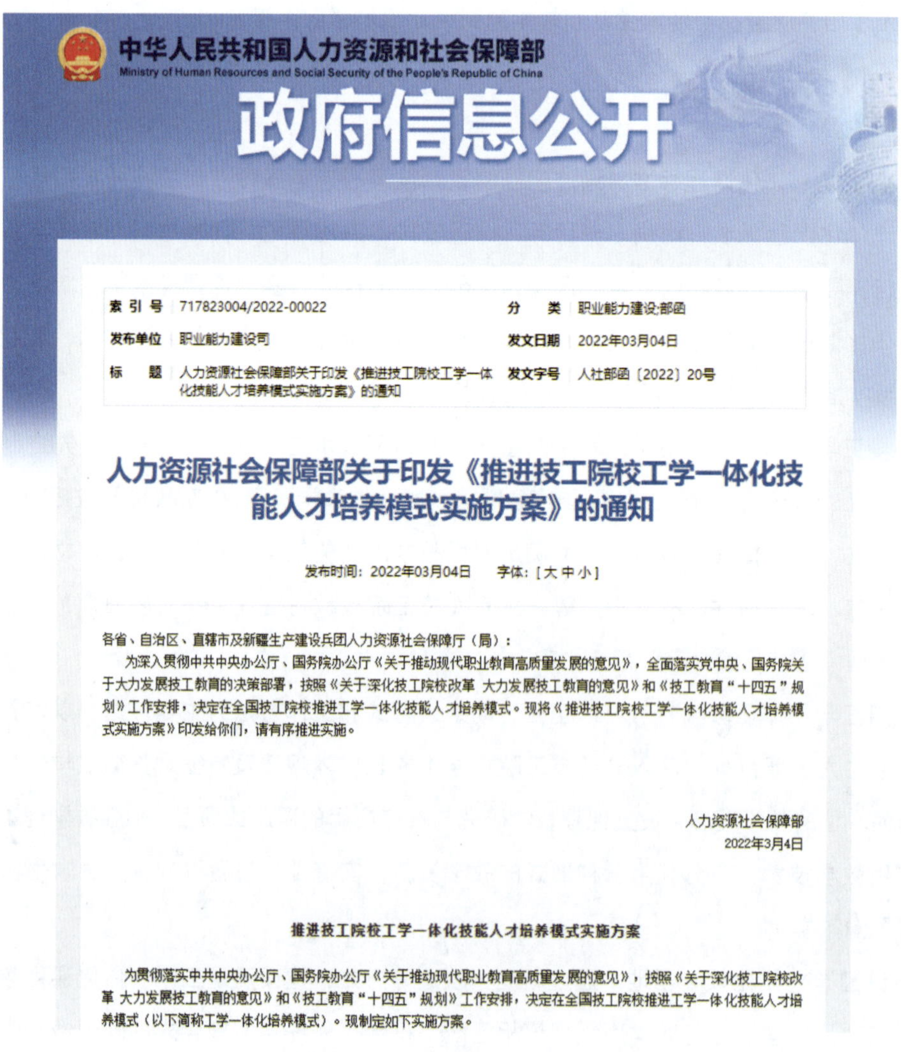

中华人民共和国人力资源和社会保障部
Ministry of Human Resources and Social Security of the People's Republic of China

政府信息公开

索引号	717823004/2022-00022	分类	职业能力建设;部函
发布单位	职业能力建设司	发文日期	2022年03月04日
标题	人力资源社会保障部关于印发《推进技工院校工学一体化技能人才培养模式实施方案》的通知	发文字号	人社部函〔2022〕20号

人力资源社会保障部关于印发《推进技工院校工学一体化技能人才培养模式实施方案》的通知

发布时间：2022年03月04日　字体：[大 中 小]

各省、自治区、直辖市及新疆生产建设兵团人力资源社会保障厅（局）：

为深入贯彻中共中央办公厅、国务院办公厅《关于推动现代职业教育高质量发展的意见》，全面落实党中央、国务院关于大力发展技工教育的决策部署，按照《关于深化技工院校改革 大力发展技工教育的意见》和《技工教育“十四五”规划》工作安排，决定在全国技工院校推进工学一体化技能人才培养模式。现将《推进技工院校工学一体化技能人才培养模式实施方案》印发给你们，请有序推进实施。

人力资源社会保障部
2022年3月4日

推进技工院校工学一体化技能人才培养模式实施方案

为贯彻落实中共中央办公厅、国务院办公厅《关于推动现代职业教育高质量发展的意见》，按照《关于深化技工院校改革 大力发展技工教育的意见》和《技工教育“十四五”规划》工作安排，决定在全国技工院校推进工学一体化技能人才培养模式（以下简称工学一体化培养模式）。现制定如下实施方案。

《推进技工院校工学一体化技能人才培养模式实施方案》